SPRING ESSENCE

胡春香

Spring Essence

THE POETRY OF

Hồ Xuân Hương

Edited and translated by

JOHN BALABAN

COPPER CANYON PRESS

Printed in the United States of America.

Copper Canyon Press is in residence under the auspices of the Centrum Foundation at Fort Worden State Park in Port Townsend, Washington. Centrum sponsors artist residencies, education workshops for Washington State students and teachers, blues, jazz, and fiddle tunes festivals, classical music performances, and the Port Townsend Writers' Conference.

Library of Congress Cataloging-in-Publication Data

Hồ, Xuân Hương.
Spring essence : the poetry of Hồ Xuân Hương / edited and translated by John Balaban.
p. cm.
Translated from the original Nôm script.
Includes bibliographical references.
ISBN 1-55659-148-9 (pbk. : alk. paper)
1. Vietnamese poetry – Translations into English. I. Balaban, John, 1943– II. Title.
PL4378.9.H5425 H62 2000
895.9'2211 – dc21   00-060307

9 8 7 6 5 4 FOURTH PRINTING

COPPER CANYON PRESS
Post Office Box 271
Port Townsend, Washington 98368
www.coppercanyonpress.org

CONTENTS

ACKNOWLEDGMENTS

I wish to thank the Witter Bynner Foundation for Poetry
and the National Endowment for the Arts for supporting
this project.

And these individuals whose advice and encouragement
made this book possible:

Mrs. Phước-Hảo Williams, Ambassador Ngô Quang Xuân,
Professors Đào Thái Tôn, Nguyễn Quang Hồng, Nguyễn
Huệ Chi, and Trần Văn Dĩnh, Dr. Ngô Trung Việt, Mr.
James Đỗ Bá Phước, Mr. Michael Wiegers, and my
generous guide, Dr. Ngô Thanh Nhàn.

Ở bên trời Mỹ vẫn mơ.
Nguồn sông còn chảy, tình lờ lai rai.

Trăm năm, tiếng khéo ngân dài:
Trên sông, cổ nguyệt nhớ hoài Xuân Hương.

INTRODUCTION

HỒ XUÂN HƯƠNG was born at the end of the second Lê Dynasty (1592–1788), a period of calamity and social disintegration. Nearly 900 years had elapsed since Ngô Quyền had driven out the Chinese to establish an independent Vietnam, modeled on the Chinese court and its mandarinate. By the end of the Lê period, the Confucian social order had calcified and was crumbling. In the North, the powerful Trịnh clan controlled the Lê kings and their court at present-day Hà Nội. The Trịnh warred with the Nguyễn clan, whose southern Huế court was aided by Portuguese arms and French troops recruited by colonial missionaries. Finally, adding to decades of grim chaos, in 1771 three brothers known as the Tây-Sơn began a populist rebellion that would vanquish the Trịnh, the Lê, and the Nguyễn rulers, seizing Hà Nội, Huế, and Sàigòn, and creating their own short-lived dynasty (1788–1802) that would soon fall to the Nguyễn.

This period of social collapse and ruin was, perhaps not surprisingly, also a high point in the long tradition of Vietnamese poetry. As Dante says in his *De vulgari eloquentia*, "the proper subjects of poetry are love, virtue, and war." The great poetry of this period – like Nguyễn Du's famous *Tale of Kiều* – is filled with individual longing, with a sense of "cruel fate," and with a searching for something of permanence. Warfare, starvation, and corruption did not vanquish poets like Nguyễn Du and Hồ Xuân Hương, but deepened their work.

What is immediately surprising about Hồ Xuân Hương's writing is that she wrote at all – further, that she earned immediate and continuing acclaim. After all, she was a woman writing poetry in a male, Confucian tradition. While women have always held high position in Vietnamese society – sometimes leading armies, often advising rulers, and always involved in the management of wealth – few were acclaimed as poets, perhaps because few were tutored in the rigorous literary studies given young men preparing to take the imperial exams in hopes of finding their places in the bureaucratic hierarchy that governed Vietnam from 939 AD into the twentieth century.[1]

Also surprising is what she wrote about. At the end of the Lê Dynasty, when the social status of women was sharply reduced, she constantly questioned the order of things, especially male authority. The rigid feudalism of the latter Lê Dynasty took the 2,000-year-old Confucian *Book of Rites* as its fundamentalist guidebook in which a woman "when unmarried, should obey her father; when married, her husband, and, if widowed, her son." There were "seven justifications for abandoning a woman: 1, if she bears no child, 2, if she commits adultery, 3, if she does not respect her in-laws, 4, if she gossips, 5, if she steals, 6, if she is given to jealousy, and 7, if she has an incurable disease." To make matters worse, dowry and wedding rules had become so expensive and complicated by Hồ Xuân Hương's time that fewer women of her class were getting married; more were becoming concubines.[2] While Hồ Xuân Hương's poetic attacks on male authority might seem normal enough for fin de siècle Americans and other Westerners, for her time it was shocking and personally risky.

In addition, she chose to write in *Nôm* – a writing system that represented Vietnamese speech – rather than Chinese, the language of the mandarin elite. Her choosing to write poetry in *Nôm*, as Chaucer chose to write in English and Dante in Italian, gives her poetry a special Vietnamese dimension filled with the aphorisms and speech habits of the common people.[3] Indeed, the modern poet Xuân Diệu called her "the Queen of *Nôm* poetry."

But, finally, the most surprising fact is that the greater part of her poems – each a marvel in the sonnetlike *lu-shih* style – are double entendres: each has hidden within it another poem with sexual meaning. In these poems we may be presented with a view of three cliffs, or a limestone grotto, or scenes of weaving or swinging, or objects such as a fan, some fruit, or even a river snail – but concealed within almost all of her perfect *lu-shih* is a sexual design that reveals itself by pun and imagistic double-take. No other poet dared this. Sex, of course, is a forbidden topic in this literary tradition. As Hữu Ngọc and others have pointed out, Confucianism even banished the nude from Vietnamese art.[4] For her erotic attitudes, Hồ Xuân Hương turned to the common wisdom alive in peasant folk poetry and proverbs, attitudes that from her literary pen might be read more accurately as defiance rather than as a psychosexual malady, as some of her critics have charged.

So, in a time when death and destruction lay about, when the powerful held sway and disrespect was punished by the sword, how did she get away with the irreverence, the scorn, and the habitual indecency of her poetry? The answer lies in her excellence as a poet and in the paramount cultural esteem that Vietnamese have always placed on poetry, whether in the high tradition of the literati or the oral folk poetry of the common people. Quite simply, she survived because of her exquisite cleverness at poetry. *Khen ai khéo vẽ cảnh tiêu sơ*, she sometimes writes in response to natural wonders: "Praise whoever sketched this desolate scene." It was her own skill in composing two poems at once, one hidden in the other, which captured her audiences – from common people who could hear in her verse echoes of their folk poetry, proverbs, and village common sense, to Sinophile court mandarins who bantered with her in verse, who valued her poetic skills, and who offered her their protection.[5] Her verbal play, her wicked humor, her native speech, her spiritual longing, her hunger for love, and her anger at corruption must have been tonic.

HER LIFE AND LEGEND

Not much is factually known about her life. Actuarial records like those kept in the West even in Shakespeare's time are recent to Vietnam. Most of her biography is derived from her poems. Indeed, given the lack of hard facts and the frequent improprieties of her verse, some readers have argued that she never existed but was the fictional creation of some literary man-of-letters, sort of an Earl of Oxford argument. But too much dense biographical evidence emerges from the poems for this to be true, along with her habitual way of looking at things and a unique range of diction.

Scholars generally agree she came from the Hồ family from Quỳnh Đôi village, Quỳnh Lưu district, Nghệ An province in north Central Vietnam.[6] They disagree on whether her father was the scholar Hồ Sĩ Danh (1706–1783) or Hồ Phi Diễn (1703–1786). Her mother, whose given name was Hà, was a *vợ lẽ* to her husband – i.e., a second wife, or concubine, albeit a concubine of high rank. Hồ Xuân Hương was probably born between 1775 and 1780, either in Quỳnh Lưu or Khán Xuân village, now buried in the suburban sprawl near the West Lake of present-day Hà Nội.

She apparently received an education in classical literature. Her name, which may derive from the village in which she was raised, means "spring essence," as in "perfume" or "scent of spring." Between 1815 and 1818, she seems to have made several visits to the picturesque Hạ Long Bay. In 1819, according to Professor Nguyễn Huệ Chi of the Institute of Literature in Hà Nội, there is official reference to "the concubine Hồ Xuân Hương," while another manuscript ("Xuân đường đàm thoại," 1974) mentions a conversation in 1869 between literati in Bắc Ninh province, in which one of them, arriving late, says he "just came from Hồ Xuân Hương's funeral." Indeed, the 1819 reference to Hồ Xuân Hương, noted in Hoàng Xuân Hãn (p. 869), is part of the record of her husband's execution for bribery. Her husband, Trần Phúc Hiển, the governor of Yên Quảng province, was executed by order of the emperor. The record notes "the concubine of this man is named Hồ Xuân Hương.

At that time she was well-known as a talented woman in literature and politics."

But she was probably dead by the early 1820s. In 1842, we have the remarkable poem by Emperor Thiệu Trị's brother during a royal visit to Hà Nội.

> Here the lake is filled with lotuses.
> Tell the flower girls to pick some,
> not stepping on Hồ Xuân Hương's grave.
> In the Golden Springs beyond, she still is angry about
>   lost love.
> Lipstick dry, powder faded, tomb untended,
> Xuân Hương is gone....

Whatever the facts of her life, a legend of rich cultural significance and consistency has emerged. The legend says that her father's early death severely affected the family, ending Hồ Xuân Hương's tutoring and limiting her chances in marriage. Legend has it that she sometimes ran a tea shop in Thăng-Long, as Hà Nội was once called. Famous for her ability to compose perfectly structured poems off the top of her head, she would often be challenged by young men up for the imperial exams. One day a young scholar and his brother came to her shop and asked Hồ Xuân Hương's maid to fetch her. Instead, Hồ Xuân Hương sent out a few lines of poetry for completion, but the verse was so difficult that on reading them the young scholar went into something like apoplectic shock and fainted. This was a potential family disgrace, so the younger brother dashed him with water and brought him to, whereupon he finished the poem and the maid took it back to Hồ Xuân Hương, still at the rear of her shop. "Not bad," she is supposed to have said, and married him, the future Prefect of Vĩnh-Tường. This marriage, if one accepts the sentiments in her "Lament for the Prefect of Vĩnh-Tường," was one of real affection, but lasting only twenty-seven months. Her second marriage was to an official, whom she mocks as "Mr. Toad" in *his* funeral elegy, "Lament for Commissioner Cóc." Like her mother, Hồ Xuân Hương was a *vợ lẽ*, or concubine, a condition she resented.

So runs the legend. Scholars like the late Hoàng Xuân Hãn suggest that, given the chronological evidence, she could not have actually been the wife of the Prefect of Vĩnh-Tường. Others, like Đào Thái Tôn, suggest that many of the poems attributed to her were written by others who simply did not dare to put their names on them. In this view, from her earliest recognition Hồ Xuân Hương gave unique voice to issues for which the prevailing Confucianism forbade discussion.

Whatever the facts, in poem after poem we hear her complaints about marriage. Is she too forward, she wonders in one poem, too bold to get a husband? What she was looking for, and apparently never found, was a marriage of equals that included something quite extraordinary and popular in the Vietnamese mind: *duyên. Duyên* (pronounced "zwee-en" in her dialect) is the romantic notion that Westerners call "true love." *Duyên* is "fated love," a bond created in heaven that is so strong that two lovers who "have" *duyên* may go through successive incarnations until they are inevitably joined. Lacking this, Hồ Xuân Hương had to settle for shelter and sex, but even the latter was not reliable, if one takes as biographical the sentiments of "On Sharing a Husband."

Hồ Xuân Hương also writes forcefully about compassion, particularly in its Buddhist sense of an individual's love and sacrifice for others. Like most Vietnamese, she would have been a Mahayana Buddhist of the Amida (Amitābha) School, where the main figure is the Buddha of the Western Peace, to whom one can travel by perfecting oneself in life so that at death one can live in the Western Paradise, visualized as a spiritual realm somewhere "West" in the direction of India, from which Buddhism first arrived. Given her bad luck at marriage and her distaste at being a "second wife," entering a Buddhist nunnery might have given her both shelter and spiritual fulfillment. Instead, she saw corruption in the religious institutions of her time and cast some of her wickedest slurs on venal, lazy, or decadent clergy. At Trấn Quốc pagoda, she "aches" thinking of the heroes of Vietnam's past and sees the monks only as a "flock of shaved heads," neglecting their "debt of love." At Quán Sứ pagoda, "The Ambassadors' Pagoda," she comes to meditate but finds the place deserted. Giving up on institutionalized religion, but keeping Buddhist precepts, she takes to wandering the countryside to find in lonely landscapes the inspiration for a number of poems of intense spiritual lyricism and compassionate revelation.[7] "Look, and love everyone," she says in "Autumn Landscape." Elsewhere, she declares that nirvana "is here, nine times out of ten," and that sometimes we can "see heaven upside-down in sad puddles."

SPRING-WATCHING PAVILION

A gentle spring evening arrives
airily, unclouded by worldly dust.

Three times the bell tolls echoes like a wave.
We see heaven upside-down in sad puddles.

Love's vast sea cannot be emptied.
And springs of grace flow easily everywhere.

Where is nirvana?
Nirvana is here, nine times out of ten.

THE POETRY

In literal translation, "Spring-Watching Pavilion" reads as follows:

Êm ái, chiều xuân tới khán đài
peaceful evening spring go pavilion

Lâng lâng chẳng bợn chút trần ai.
light light not dirty little world dust

Ba hồi chiêu mộ chuông gầm sóng.
three times watch bell tolls waves

Một vũng tang thương nước lộn trời.
one puddle mourning water turned over heaven

Bể ái nghìn trùng khôn tát cạn.
sea love 1,000 immense cannot splash out shallow

Nguồn ân muôn trượng dễ khơi vơi.
source love 10,000 spans easy all over

Nào nào cực lạc là đâu tá?
where nirvana is where then?

Cực lạc là đây, chín rõ mười.
nirvana is here, nine out of ten

Vietnamese is a tonal language belonging to the Mon-Khmer family. (Those diacritical marks around the vowels indicate the word "pitch," or tone. Without those marks, a Vietnamese reader would find a text unreadable.) Word tone makes for a poetry of complex music and allusion, as well as a linguistic openness to poetic habits from Chinese, a structurally similar language. For a Westerner perhaps the most remarkable feature of the Vietnamese language and its poetry is just this aspect of word tone.

In Vietnamese, there are six quasi-musical tones or pitches. Every syllable in the language carries one of these tones, each establishing the meaning of the syllable. (Most words in Vietnamese are monosyllables.) For example, the form /la/ can hold six separate meanings depending on the tone employed:

> *la*: to shout (high level tone)
> *là*: to be (low level tone)
> *lả*: tired (falling-rising tone)
> *lã*: insipid (high-constricted, broken tone)
> *lá*: leaf (high-rising tone)
> *lạ*: strange (low-constricted tone)

In speech or prose, these tones fall at random; in poetry – whether in the oral folk tradition or the high literary tradition – tones are regulated to fall at certain feet in the prosodic line. Rhymes usually fall only on words that have "even" tones (*la* and *là*, above). All other tones are considered "sharp" and their placement is also regulated.

With a music of pitches inherent in every poem, an entire dynamic of sound – inoperable in English – comes into play. And since like-sounding words can mean vastly different things, a whole world of double meanings also is possible in any poem. These second meanings, and phrase reversals, or *nói lái,* are usually obscene. Take, as examples, "The Lustful Monk" and "Buddhist Nun." In the former, *đeo* means "to carry" or "bear," but its tonal echo, *đéo,* means "to copulate." In the same poem, *lộn lèo* means "to turn about," "to be confused," even "twisted rigging," but *lẹo lồn,* with different tones, means "to copulate." (Actually, it's more graphic.) Similarly, in "Buddhist Nun," *xuất thế* means "abandon the world," a proper sentiment, but *xuất thê* means "abandon a wife." In some poems like "The Pharmacist's Widow Mourns His Death," this kind of tonal play and echo is often the very heart of the poem, making translation almost impossible. In fact, one of the many dangers for a translator of Hồ Xuân Hương is driving any poem too far toward one pole of meaning – on the one hand, her landscapes are seldom innocent; on the other, the obscene secondary meanings must never appear obvious.

Part of Hồ Xuân Hương's cover for this subterfuge lay in the millennial propriety of the *lu-shih* tradition itself, i.e., in the hundreds of thousands of poems written by Vietnamese and Chinese scholar-gentry since the form was borrowed from Chinese classical tradition. (Both the borrowing and the prestige attached to this form are similar to our English borrowing and subsequent use of the Italian sonnet.) In fact, the *lu-shih* is similar in its tasks and cultural authority to the English sonnet. But the *lu-shih* is more compressed[8]: every poem must be eight lines long; every line has seven syllables. Rhymes usually occur at the end of the first, second, fourth, sixth, and eighth lines. The internal four lines usually show some kind of syntactic parallel structure. Rhyme words must be *bình,* or "even" tones. Sharp and even tones are regulated by where they fall in the poetic line. The variation on the *lu-shih,* the *chueh-chu* (or "broken-off lines"), is essentially a *lu-shih* cut in half. As daunting as these prosodic rules might seem, Hồ Xuân Hương usually exceeded them, often throwing in more rhymes than required and sometimes creating small subtexts with anagram-like constructions if words are read up and down as well as left to right, as in the "Spring-Watching Pavilion" example above, where the verbal play is on "dust" and "love" (see also the endnote to the poem).

THE TEXT

Hồ Xuân Hương wrote in *Nôm,* a writing system devised by Vietnamese literati to represent the sound system of their language through a native, or "southern," calligraphic script. From about the tenth century and into the twentieth, this script was the repository of Vietnamese literature, political essays, and philosophy, as well as religious and medical treatises. During the twenty-four years of the Tây-Sơn emperors through which Hồ Xuân Hương lived,[9] *Nôm,* rather than Chinese, became the official language of the government. But *Nôm,* while indeed the language of the people, nonetheless is twice as difficult to master as Chinese, since *Nôm* often takes Chinese characters and assigns them Vietnamese phonemic value while keeping other Chinese characters for their semantic value, thus doubling the total number of characters for any given expression. Today, out of seventy-six million Vietnamese, perhaps only a few dozen can read this thousand-year heritage in *Nôm,* despite the fact that it is almost always around them – inscribed over old doorways, printed on restaurant calendars, and incised on ancestral tombs that sit in all the rice fields. Nonetheless, *Nôm* died with the royal courts and the scholar-gentry class, giving way to *quốc-ngữ,* "the national script," introduced by Alexandre de Rhodes in the seventeenth century and using a Latin alphabet immensely more accessible than *Nôm* and making it possible for the masses of Vietnamese to become literate.

No definitive, scholarly text exists for the poetry of Hồ Xuân Hương. Indeed, her poems did not see print until many decades after her death, with a *Nôm* woodblock publication in 1909, followed in 1914 by the woodblock edition *Quốc Âm Thi Tuyển* in *Nôm* with the *quốc-ngữ* transliterations directly beneath. Scholars disagree on the very number of poems that may be attributed to her; some limit her oeuvre to a mere twenty-five, others claim as many as 148. Many of the originals that follow here have several variants because *Nôm* was never really standardized. What is more, Hồ Xuân Hương's poems were reproduced by hand, adding to further textual variations. Complicating the text still further, since the time of her writing in her northern dialect, Vietnamese itself has undergone shifts in sound and meaning. I have tried to find the most plausible versions, often relying on the late Maurice Durand's *L'Œuvre de la poétesse vietnamienne Hồ Xuân Hương,*[10] a great work unfortunately left incomplete at Durand's death.

In February 1999 I traveled to Hà Nội to consult with scholars, to find and verify the *Nôm* originals of the poems that follow. Thanks to the help of Professors Đào Thái Tôn and Nguyễn Quang Hồng of the Hán-Nôm Institute, and the remarkable work of Ngô Thanh Nhàn, a computational linguist at New York University's Courant Institute of Mathematical Sciences, this is the first time that *Nôm* is being printed typographically, a crucial first step toward retrieving the vast heritage of Vietnamese literature in *Nôm*.

This book, the first sizable collection of Hồ Xuân Hương's poetry in a Western language, almost certainly contains inevitable errors of provenance as well as errors that are purely of my making, a foreigner, albeit a poet, swimming in waters way over his head although cheered by shouts from Vietnamese standing on the far shore. The forty-nine poems in this book represent most of Hồ Xuân Hương's extant *Nôm* poetry. Others are not included here because they seemed repetitious, or were almost certainly poems by other poets (such as Bà Huyện Thanh-Quan, a woman whose poetry is sometimes attributed to Hồ Xuân Hương), or because they seemed unretrievable in English, even with supportive footnoting.

For ten years I have pecked at these translations, often just giving up, but always returning. My persistence was sustained by admiration and awe, which I hope the reader will experience: for Hồ Xuân Hương's lonely, intelligent life, for her exquisite poetry, her stubbornness, her sarcasm, her bravery, her irreverent humor, and her bodhisattva's compassion. She is a world-class poet who can move us today as she has moved Vietnamese for two hundred years.

JOHN BALABAN
NORTH CAROLINA STATE UNIVERSITY

1. A visitor to Hà Nội can still see, in a courtyard of the Temple of Literature, the magnificent stone turtles with huge stelae set upon their backs and carved with the names of the highest-ranking scholars from 1442 to 1779. The last exam was in 1919.

2. Following Hoa Bằng, *Hồ Xuân Hương, Nhà Thơ Cách Mạng* (Sàigòn: Nhà Xuất Bản Bốn Phương, 1950), pp. 100 and 103.

3. Recent scholarship has also turned up poems that she wrote in Chinese. See Đào Thái Tôn, *Thơ Hồ Xuân Hương* (Hà Nội: Nhà Xuất Bản Giáo Dục, 1996).

4. Hữu Ngọc and Françoise Corrèze, *Hồ Xuân Hương, ou le voile déchiré* (Hà Nội: Fleuve Rouge, 1984), p. 31.

5. Such as Chiêu-Hổ, fond of teasing her in poetry, who some scholars (but not all) identify as the high-ranking official Phạm Đình Hổ.

6. For a full discussion see Hoàng Xuân Hãn, "Hồ Xuân Hương với Vịnh Hạ Long," in his *La Sơn Yên Hồ* (Hà Nội: Nhà Xuất Bản Giáo Dục, 1998), pp. 897ff. and 930.

7. "She traveled like a man in a society where the woman was a recluse," Hữu Ngọc and Françoise Corrèze write. In February of 1999, I retraced some of her travels and was struck by the distances and rugged terrains she would have encountered journeying by horse, boat, and foot.

8. Readers who want to know more about *lu-shih* should consult James J.Y. Liu, *The Art of Chinese Poetry* (University of Chicago, 1962), since Vietnamese poets followed T'ang style.

9. Indeed, there is some evidence that she was cousin to emperor Nguyễn Huệ and of equal family rank; Hoàng Xuân Hãn, op. cit., p. 901.

10. Paris: Adrien-Maisonneuve, 1968. From the Collection de Textes et Documents sur L'Indochine, IX, Textes Nôm No. 2.

SPRING ESSENCE

秋景

霡疎傘詞醹詩呠憁
紅消頌朗撽為得謹
籴景鵨滂醒礵愀庄
箫黸樹江山月拱廇
艚窖古長江風景埃
淬埃菩睬篤鞍哈箟
聖嗜撐屁瓢褔於埃

Cảnh thu

Thánh thót tầu tiêu mấy hạt mưa,
Khen ai khéo vẽ cảnh tiêu sơ.
Xanh om cổ thụ tròn xoe tán,
Trắng xoá tràng giang phẳng lặng tờ.
Bầu dốc giang sơn say chắp rượu,
Túi lưng phong nguyệt nặng vì thơ.
Ơ hay, cảnh cũng ưa người nhỉ,
Ai thấy, ai mà chẳng ngẩn ngơ.

Autumn Landscape

Drop by drop rain slaps the banana leaves.
Praise whoever sketched this desolate scene:

the lush, dark canopies of the gnarled trees,
the long river, sliding smooth and white.

I lift my wine flask, drunk with rivers and hills.
My backpack, breathing moonlight, sags with poems.

Look, and love everyone.
Whoever sees this landscape is stunned.

嗺恁楳鐘翹魽才身
魽恨慘愁瞤憪子尼
嘈瞤空拯仍為文色
哓罌摳打嗺緣人罕
嘅泣靡摅添底埃貂
連每拱軻油嗖妸䅸
嶠筶谷嗌㤕瞍佐悁

Tự tình thơ

Tiếng gà xao xác gáy trên bom
Oán hận trông ra khắp mọi chòm
Mõ thảm không khua mà cũng cốc
Chuông sầu chẳng đánh cớ sao om
Trước nghe những tiếng thêm rầu rĩ
Sau giận vì duyên để mõm mòm
Tài tử văn nhân ai đó tá
Thân này đã hẳn chịu già hom.

Confession (1)

Gray sky. A rooster crows.
Bitter, I look out on thickets and folds.

I haven't shaken grief's rattle, yet it clatters.
I haven't rung sorrow's bell, though it tolls.

Their noise only drags me down, angry
with a fate that says I'm much too bold.

Men of talent, learned men, where are you?
Am I supposed to walk as if stooped and old?

咄 唉 莉

灰 莉 皿 毗 儒 樺 菓
未 抉 買 香 春 貼 尼
吏 糯 辰 饒 緣 沛 固
砑 如 泊 羅 如 撐 停

Mời ăn trầu

Quả cau nho nhỏ miếng trầu hôi
Này của Xuân Hương mới quệt rồi
Có phải duyên nhau thời thắm lại
Đừng xanh như lá bạc như vôi.

Offering Betel

A piece of nut and a bit of leaf.
Here, Xuân Hương has smeared it.

If love is fated, you'll chew it red.
Lime won't stay white, nor leaf, green.

叙　情

拵嬾醒臚坫坉吏猑
吏諾吏諸曾尒吏猑
靸買醒鈌簬矻春抄
咏顏迻燩坦寰迻扗
咏紅香膡稇頣春删
屬丂醹朘昂襫餲情
秥猪磩暈扞扰嗲膴

Tự tình

Đêm khuya văng vẳng trống canh dồn,
Trơ cái hồng nhan với nước non.
Chén rượu hương đưa, say lại tỉnh,
Vầng trăng bóng xế, khuyết chưa tròn.
Xuyên ngang mặt đất, rêu từng đám,
Đâm toạc chân mây, đá mấy hòn.
Ngán nỗi xuân đi xuân lại lại,
Mảnh tình san sẻ tí con con.

Confession (II)

Before dawn, the watch drum rumbles.
Lonely pink face among mountains and streams

addled but alert with a cup of fragrant wine
as the moon sets, just a sliver not yet full.

Moss seems to creep across the earth's face.
Stony peaks pierce the belly of the clouds.

Sick with sadness, spring passes, spring returns.
A bit of love shared, just the littlest bit.

羸 觧 翁 府 永 祥 喂
丐 嬈 匹 生 色 呂 耒
導 秋 文 章 匹 妲 坦
捻 蹤 弦 矢 罪 方 歪
幹 斤 造 化 淶 兜 抹
吼 祿 乾 坤 然 秋 耒
仁 觧 胴 歪 羅 買 祝
羸 觧 翁 府 永 祥 喂

Khóc ông phủ Vĩnh-Tường

Trăm năm ông phủ Vĩnh-Tường ơi
Cái nợ ba sinh đã giả rồi
Chôn chặt văn chương ba thước đất
Ném tung hồ thỉ bốn phương trời
Cán cân tạo hoá rơi đâu mất
Miệng túi càn khôn thắt chặt rồi
Hai bẩy tháng trời là mấy chốc
Trăm năm ông phủ Vĩnh-Tường ơi.

Lament for the Prefect of Vĩnh-Tường

One hundred years. Oh, Prefect of Vĩnh-Tường.
Now your love debt is all paid off.

Your poetic talents buried three feet down.
Your fine ambitions windstrewn.

The heavenly scales got dropped and lost.
The mouth of earth's bag is cinched up.

Twenty-seven months seemed so short.
One hundred years. Oh, Prefect of Vĩnh-Tường.

哭翁總蛤

扒蛤喂扒蛤喂
妾㷂緣扒固世催
蠬蝌坦𨁪徐低吀
䜬鐄坤贖哂杯碳

Khóc ông tổng Cóc

Chàng Cóc ơi! Chàng Cóc ơi!
Thiếp bén duyên chàng có thế thôi
Nòng nọc đứt đuôi từ đấy nhỉ
Nghìn vàng khôn chuộc dấu bôi vôi.

Lament for Commissioner Cóc

Oh, Cóc. Oh, dear. Oh, dear Cóc.
All we had together came down to this:

the tadpole's lost his tail. A pile of gold
cannot restore his pale painted warts.

叙情(隻栢)

隻栢𢞂術分浽濘
𡧲涌敖喭餒冷汀
糉䑼情義樣淶潮
姅𦪿風波隴汲澎
櫂纆默埃啉杜瀶
帆繚尸几𠯿吹宗
意埃𠺥板甘𢚸丕
喭餒揞彈仍漝浜

Tự tình (Chiếc bách)

Chiếc bách buồn về phận nổi nênh,
Giữa dòng ngao ngán nỗi lênh đênh.
Lưng khoang tình nghĩa dường lai láng,
Nửa mạn phong ba luống bập bềnh.
Chèo lái mặc ai lăm đỗ bến,
Giong lèo thây kẻ rắp xuôi ghềnh.
Ấy ai thăm ván cam lòng vậy,
Ngán nỗi ôm đàn những tấp tênh.

Confession (III)

Her lonely boat fated to float aimlessly
midstream, weary with sadness, drifting.

Her hold overflowing with duty and feeling,
bow rocked by storms, adrift and wandering.

She rows on, not caring who tries to dock,
sails on, not caring who tries the rapids.

Whoever comes on board is pleased
as she plucks her guitar, sad and drifting.

餅濡

身 淹 辰 皅 分 淹 輪
戲 浚 匡 沉 買 渃 巖
碾 涅 默 油 秈 几 捍
麻 淹 列 瑃 贴 悉 輪

Bánh trôi

Thân em thì trắng, phận em tròn,
Bảy nổi ba chìm mấy nước non.
Rắn nát mặc dầu tay kẻ nặn,
Mà em vẫn giữ tấm lòng son.

The Floating Cake

My body is white; my fate, softly rounded,
rising and sinking like mountains in streams.

Whatever way hands may shape me,
at center my heart is red and true.

祕　鈌　終

劸　吒　丐　却　祕　鈌　終
几　搭　禛　嵐　几　泠　渀
軐　時　迯　區　哈　庄　籓
没　腩　堆　吝　固　拱　空
故　撺　咹　欶　欶　吏　吼
拎　朋　夕　搋　搋　空　功
身　尼　嗒　別　羕　尼　喙
他　戲　催　停　扵　丕　衝

Lấy chồng chung

Chém cha cái kiếp lấy chồng chung
Kẻ đắp chăn bông kẻ lạnh lùng
Năm thì mười hoạ hay chăng chớ
Một tháng đôi lần có cũng không
Cố bám ăn xôi xôi lại hỏng
Cầm bằng làm mướn mướn không công
Thân này ví biết dường này nhỉ
Thà trước thôi đành ở vậy xong.

On Sharing a Husband

Screw the fate that makes you share a man.
One cuddles under cotton blankets; the other's cold.

Every now and then, well, maybe or maybe not.
Once or twice a month, oh, it's like nothing.

You try to stick to it like a fly on rice
but the rice is rotten. You slave like the maid,

but without pay. If I had known how it would go
I think I would have lived alone.

菓　橪

楼　連　機　菓　如　淹　身
䫻　奴　胸　仕　匆　奴　朘
樗　揀　辰　腰　固　子　君
牁　番　㵢　揆　擂　停　吽

Quả mít

Thân em như quả mít trên cây
Da nó xù xì, múi nó dầy.
Quân tử có yêu thì đóng cọc,
Xin đừng mân mó, nhựa ra tay.

Jackfruit

My body is like the jackfruit on the branch:
my skin is coarse, my meat is thick.

Kind sir, if you love me, pierce me with your stick.
Caress me and sap will slicken your hands.

詠　屋　蜾

博　媄　生　器　分　屋　蜾
脿　時　粦　跂　盆　站　灰
君　子　固　傷　辰　扑　穤
吓　停　扴　揪　魯　腦　碎

Vịnh ốc nhồi

Bác mẹ sinh ra phận ốc nhồi
Đêm ngày lăn lóc đám cỏ hôi
Quân tử có thương thì bóc yếm
Xin đừng ngó ngoáy lỗ trôn tôi.

River Snail

Fate and my parents shaped me like a snail,
day and night wandering marsh weeds that smell foul.

Kind sir, if you want me, open my door.
But please don't poke up into my tail.

詠 行 於 清

休 尨 景 罯 矃 昭 簥
撩 招 舘 召 迁 遨 塘
売 初 橾 鵯 厬 箂 笠
挑 首 焠 柳 橋 技 撳
要 掋 形 撑 核 尊 罷
消 蹽 鵯 碧 浩 泗 没
麗 念 埃 奇 悄 惼 趣
繚 論 遪 埃 鵸 丐 箕

Vịnh hàng ở Thanh

Đứng chéo trông ra cảnh hắt hiu
Đường đi thiên thẹo quán cheo leo
Lợp lều mái cỏ gianh xơ xác
Xỏ kẽ kèo tre đốt khẳng khiu
Ba gạc cây xanh hình uốn éo
Một giòng nước biếc cỏ leo teo
Thú vui quên cả niềm lo cũ
Kìa cái diều ai gió lộn lèo.

Tavern by a Mountain Stream

Leaning out, I look down on the valley,
path winding to a deserted inn,

thatch roof tattered and decayed.
Bamboo poles on gnarled pilings

bridge the green stream uncurling
little tufts in the wavering current.

Happy, I forget old worries.
Someone's kite is struggling up.

吃翁昭虎

英　徒　醒　英　徒　醵
鞀　英　撟　月　艸　時
尼　尼　姉　喋　朱　別
准　意　豁　拾　濁　捼

Cợt ông Chiêu-Hổ

Anh đồ tỉnh anh đồ say
Sao anh ghẹo nguyệt giữa ban ngày
Này này chị bảo cho mà biết
Chốn ấy hang hùm chớ mó tay.

Teasing Chiêu-Hổ

Is the master drunk? Is the master awake?
Why flirt with the moon in the middle of the day?

Perhaps there's something I ought to say:
Don't stick your hand in the tiger's cave.

翁　昭　虎　和

尼　翁　醒　尼　翁　醒
尼　翁　搞　月　钟　時　摸　牺
豁　捨　喳　凭　空　得　摸　牺
靮　固　捨　猩　俸　捽

Ông Chiêu-Hổ hoạ

Này ông tỉnh này ông say
Này ông ghẹo nguyệt giữa ban ngày
Hang hùm ví bằng không người mó
Sao có hùm con bỗng tuột tay.

Chiêu-Hổ's Reply

No, I'm not drunk and, yes, I was awake.
And why not flirt with the moon by day?

At the tiger's cave where one shouldn't play,
his cub leapt in your hands to have his way.

岊㟽隊

没　岊　没　岊　吏　没　岊
嗜　埃　窖　鑿　景　招　撩
轍　輪　犇　烈　筷　歆　崒
坮　硋　撑　黃　頓　噴　速
摽　趴　蘿　椿　干　邌　招
潭　湜　君　栁　溇　霜　拯
賢　人　瘣　子　埃　靡　蹦
㾀　蹧　　　蹟　吻　憫

Đèo Ba Dội

Một đèo, một đèo, lại một đèo,
Khen ai khéo tạc cảnh cheo leo.
Cửa son đỏ loét tùm hum nóc,
Hòn đá xanh rì lún phún rêu.
Lắt lẻo cành thông cơn gió thốc,
Đầm đìa lá liễu giọt sương gieo.
Hiền nhân, quân tử ai mà chẳng...
Mỏi gối, chồn chân vẫn muốn trèo.

Three-Mountain Pass

A cliff face. Another. And still a third.
Who was so skilled to carve this craggy scene:

the cavern's red door, the ridge's narrow cleft,
the black knoll bearded with little mosses?

A twisting pine bough plunges in the wind,
showering a willow's leaves with glistening drops.

Gentlemen, lords, who could refuse, though weary
and shaky in his knees, to mount once more?

繼緞

熔　阮　畑　蓮　覔　舁　抛
琨　鷥　扱　槶　摔　脆　揄
亇　頤　蹅　暫　能　能　找
没　捽　挽　昂　適　適　毛
韀　狹　馳　蘇　放　烹　奇
糍　艃　困　苦　汋　如　饒
姑　市　惆　卒　吟　朱　技
除　旦　㠪　秋　買　焴　牟

Dệt cửi

Thắp ngọn đèn lên thấy trắng phau;
Con cò mấp máy suốt đêm thâu.
Hai chân đạp xuống năng năng nhắc,
Một suốt đâm ngang thích thích mau.
Rộng, hẹp, nhỏ, to vừa vặn cả,
Ngắn, dài, khuôn khổ vẫn như nhau.
Cô nào muốn tốt ngâm cho kỹ,
Chờ đến ba thu mới dãi mầu.

Weaving at Night

Lampwick turned up, the room glows white.
The loom moves easily all night long

as feet work and push below.
Nimbly the shuttle flies in and out,

wide or narrow, big or small, sliding in snug.
Long or short, it glides out smoothly.

Girls who do it right, let it soak
then wait a while for the blush to show.

題幀素女

嗨包饒鐬咳姑𨉓
姉拱𡞕麻俺拱𡞕
𤾓𥱬如印詞紙𤽸
𠦳𢆥群買丐春撑
標梅之監塘𦝄𩙍
蒲柳催停分朦萌
群趣𢝙箕䋥拯𦘧
責得𠐞意窖無情

Đề tranh tố nữ

Hỏi bao nhiêu tuổi hỡi cô mình
Chị cũng xinh mà em cũng xinh.
Trăm vẻ như in tờ giấy trắng
Nghìn năm còn mãi cái xuân xanh.
Phiếu mai chi dám đường trăng gió
Bồ liễu thôi đành phận mong manh.
Còn thú vui kia sao chẳng vẽ
Trách người thợ ấy khéo vô tình.

On a Portrait of Two Beauties

How old are these two, anyway?
Big and little sister, equally lovely.

In 100 years, smooth as two sheets of paper.
In 1,000, they still will glow like springtime.

Will the plum tree ever know the wind and moon?
Will reed and willow accept their dull fates?

Why not portray the other pleasures? Blame
the artist, gifted, but a bit dim about love.

荒 蕃 得 詠

揚 扒 育 昂 奇 扠 墂 頑
撰 庄 頭 湟 貂 吁 征 買
化 別 儒 抵 扒 妾 唑 固
緘 固 覓 色 觧 塊 世 廗
朱 扒 渚 鞦 磊 没 皿 仍
怵 悉 天 了 罪 情 包 固
奇 餒 緣 分 丐 守 魯 空

Vịnh người chửa hoang

Cả nể cho nên hoá dở dang
Nỗi lòng chàng có biết chăng chàng.
Duyên thiên chưa thấy nhô đầu dọc
Phận liễu sao đà đẩy nét ngang
Cái tội trăm năm chàng chịu cả
Chữ tình một khối thiếp xin mang
Quản bao miệng thế nhời chênh lệch
Không có, nhưng mà có, mấy ngoan.

The Unwed Mother

Because I was too easy, this happened.
Can you guess the hollow in my heart?

Fate did not push out a bud
even though the willow grew.

He will carry it a hundred years
but I must bear the burden now.

Never mind the gossip of the world.
Don't have it, yet have it! So simple.

詠躒榔

榔瞒胮悉派雙佐空
窖魖堪囂法雙庄補
窖几堪囂愁踮春魯
埃打鸛蝓紅玉別耒
嗜蓮蹭羑裙蹎色珍
榍辰跍捥猛行春擼
傪伵粷妠罧仝遳榍

Vịnh leo đu

Tám cột khen ai khéo khéo trồng
Người thì lên đánh kẻ ngồi trông
Trai du gối hạc khom khom cật
Gái uốn lưng ong ngửa ngửa lòng
Bốn mảnh quần hồng bay phấp phới
Hai hàng chân ngọc ruổi song song
Chơi xuân đã biết xuân chăng tá
Cột nhổ đi rồi lỗ bỏ không.

Swinging

Praise whoever raised these poles
for some to swing while others watch.

A boy pumps, then arcs his back.
The shapely girl shoves up her hips.

Four pink trousers flapping hard,
two pairs of legs stretched side by side.

Spring games. Who hasn't known them?
Swingposts removed, the holes lie empty.

詠陽物

慣　拯　本　罷　生　媄　博
畑　忺　翹　眛　空　雖　最
覷　箃　煤　胲　籛　隊　頭
顛　韜　撍　磾　備　打　矮

  Vịnh dương vật

Bác mẹ sinh ra vốn chẳng hèn
Tối tuy không mắt sáng hơn đèn
Đầu đội nón da loe chóp đỏ
Lưng đeo bị đạn rủ thao đen.

  56 · HỒ XUÂN HƯƠNG

Male Member

Newborn, it wasn't so vile. But, now, at night,
even blind it flares brighter than any lamp.

Soldierlike, it sports a reddish leather hat,
musket balls sagging the bag down below.

詠　女　無　陰

迍　仉　妿　媒　怗　之　饒
挩　喫　春　情　攃　於　炰
唷　嗚　尸　吒　琨　狀　瓢
吁　埃　默　媄　丐　蜦　祝
妸　仉　妸　槵　能　頭
帝　芳　帝　能　誑　買　特
磊　觧　辰　催　催　拱　妯
強　塊　哨　娘

Vịnh nữ vô âm

Mười hai bà mụ ghét chi nhau
Đem cái xuân tình cẳm ở đâu
Rúc rích thây cha con chuột nhắt
Vo ve mặc mẹ cái ong bầu
Đố ai đố biết vông hay trốc
Nào kẻ nào hay cuống với đầu
Thôi thế thì thôi, thôi cũng được
Trăm năm càng khỏi tiếng nàng dâu.

Girl without a Sex

Did the fairy midwives have a falling out
and somehow misplace her maidenhead?

The little father mouse squeaking about, doesn't care,
nor the mother honeybee buzzing along, fat with pollen.

Can anyone tell whether it's ovule or anther?
Can anyone say if it's stem or bud?

Well, fine. It's really okay. Since her whole life
she'll never have to hear "daughter-in-law!"

迻　罷　咍　羅　迻　憃　低
朱　英　要　踊　庄　淶　栖
蒙　𥋗　程　意　撑　匕　翎
𧆄　狹　樣　市　揆　没　核
強　𤉜　包　饒　辰　強　沬
要　店　諸　斐　吏　要　時
紅　紅　媽　粉　緣　為　悽
主　踊　希　要　没　丐　尼

Vịnh quạt

Mười bẩy hay là mười tám đây
Cho anh yêu dấu chẳng rời tay
Mỏng dẩy chừng ấy chành ba góc
Rộng hẹp dường nào cắm một cây
Càng nóng bao nhiêu thời càng mát
Yêu đêm chưa phỉ lại yêu ngày
Hồng hồng má phấn duyên vì cậy
Chúa dấu vua yêu một cái này.

The Paper Fan

Seventeen, or is it eighteen…
ribs? Let me have it in my hands.

Thick or thin, opening its lovely angles.
Wide or narrow, inserted with a stick.

The hotter you get, the more refreshing.
Wonderful both night and day.

Cheeks juicy soft, persimmon pink.
Kings and lords just love this thing.

遊 花

蹦 固 沛 花 遊 啐 包
臕 昌 痗 礒 潦 蓮 蹦
揚 扢 援 俸 梗 羅 梗
漂 論 底 撐 嵐 尷 嵐

Chơi hoa

Đã trót chơi hoa phải có trèo
Trèo lên chớ ngại mỏi xương nhèo
Cành la cành bổng vin co vít
Bông chín bông xanh để lộn phèo.

Picking Flowers

If you want to pick flowers, you have to hike.
Climbing up, don't worry about your weary bones.

Pluck the low branches, pull down the high.
Enjoy alike the spent blossoms, the tight buds.

坵汫梀浱靪魪汫姤　湬氏屁鱃鰢鰠氏埃　深清抛汀嗩離清監　瀋新抛汀噴𤾓新且　細汫堆没舩塵埃拿　茹邏板洇舩鈡𦝄螉　翁迲接通吃洇別螉

Giếng nước

Ngõ sâu thăm thẳm tới nhà ông,
Giếng ấy thanh tân giếng lạ lùng.
Cầu trắng phau phau đôi ván ghép,
Nước trong leo lẻo một dòng thông!
Cỏ gà lún phún leo quanh mép,
Cá giếc le te lách giữa dòng.
Giếng ấy thanh tân ai đã biết?
Đố ai dám thả nạ rồng rồng.

The Wellspring

A narrow path descends through brush
to the bright water of your wondrous pool.

Under a footbridge's pale twin planks
the pure spring shunts in shimmering rills.

Tufts of sedge surround its mouth.
A golden carp glides midstream.

Finding this well, so virginal and clear,
who would put a catfish here?

詠 猫 (貓)

尨 之 劎 獞 獰 辰 拱
鬧 猫 哏 鬧 貓 別 矗
踔 跁 才 猻 猑 今 黿
橐 胞 唪 虎 雄 威 羀
斲 跛 踤 蝢 齗 由 逃
高 束 束 形 收 捻 埃
貢 祕 撫 尼 香 決 志
嗷 嘵 仕 閣 臺 蓮 耒

Vịnh miêu (mèo)

Cũng thì nanh vuốt kém chi nao
Chưa biết mèo nào cắn miu nào
Xuống lệnh con hươu tài nhẩy nhót
Ra uy hùng hổ tiếng bào hao
Co do cúi mặt leo từ dưới
Khúm núm thu hình thót nhẩy cao
Chí quyết phen này vồ lấy cống
Rồi lên đài các sẽ nghêu ngao.

Cats

From tooth and claw they never cower.
Who can tell which nipped the other?

Proud as stags, they lunge and joust.
Royal tigers, they rear back and roar.

Shrinking and creeping with stalk and glower,
crouching to leap from window to floor,

their only thought is to pounce on a mouse
then croon from rooftops arousing meows.

咄　伴　哭　尫

永　永　聰　瞋　噆　哭　尫
卬　核　矯　惜　買　嫩　滝
埃　術　恖　乳　彈　媕　吶
醜　彜　辰　嘯　呱　鼎　鐘

Dỗ bạn khóc chồng

Văng vẳng tai nghe tiếng khóc chồng.
Nín đi kẻo thẹn với non sông.
Ai về nhắn nhủ đàn em nhé:
Xấu máu thời khem miếng đỉnh chung.

Consoling a Young Widow

Your funeral cries just hurt our ears.
Stop wailing or you'll shame the rivers and hills.

Let me advise you on your tears:
If you've got weak blood, don't eat rich food.

哭　麩　夕　爍

永　永　聰　瞠　嗜　哭　之
傷　麩　铖　沛　哭　絲　絲
呃　嗷　妾　怓　咪　甘　草
醆　噔　扒　喂　味　桂　枝
石　乳　陳　皮　炒　底　吏
歸　身　蓮　肉　浸　扰　拯
刀　求　妾　別　揍　埃　呏
生　寄　扒　喂　死　則　歸

Khóc chồng làm thuốc

Văng vẳng tai nghe tiếng khóc gì
Thương chồng nên phải khóc ti ti
Ngọt ngào thiếp nhớ mùi cam thảo
Cay đắng chàng ơi vị quế chi
Thạch nhũ, trần bì sao để lại
Qui thân, liên nhục tẩm đem đi
Dao cầu thiếp biết trao ai nhỉ
Sinh ký chàng ơi tử tắc qui.

The Pharmacist's Widow Mourns His Death

What's all this wailing on our ears?
If she loved him, she'd weep more softly.

Perhaps she just misses his licorice stick
or that cinnamon stob, always so tasty.

Raw orange peel and rosebuds now abandoned.
His celery stalk and lily seeds all lost.

To whom will she give his little scalpel?
To live is to borrow. To die: a giving back.

婆 彈 分

空 軟 腠 胸 援 嵐 世 空
別 邊 連 帶 買 窮 如 別
固 没 蹱 哭 收 鰾 羅 固
喂 哭 錦 噓 羅 仍 嬻 喂
淹 猥 覽 吁 仍 市 丐 淹
姉 邊 鴝 閞 奇 傍 猥 姉
咳 没 佈 繩 必 踏 軟 咳

Phận đàn bà

Hỡi chị em ơi có biết không?
Một bên con khóc một bên chồng.
Bố cu lổm ngổm bò trên bụng,
Thằng bé hu hơ khóc dưới hông
Tất cả những là thu với vén
Vội vàng nào những bống cùng bông.
Chồng con cái nợ là như thế
Hỡi chị em ơi có biết không?

The Condition of Women

Sisters, do you know how it is? On one hand,
the bawling baby; on the other, your husband

sliding onto your stomach,
his little son still howling at your side.

Yet, everything must be put in order.
Rushing around all helter-skelter.

Husband and child, what obligations!
Sisters, do you know how it is?

詠吥猥嵳

眼學沖禾景永蕭
等蓮尵畚吏醐猫
𡖵謷捫醩墭灰喵
喠渴尋茶喂味喢
葫詷罪旬慇肥漂
糵舗㤌吊姑悲別
埃術恩呹拱姑饒
拱庄風流拱庄

Vịnh dậy con trẻ

Buổi học xong rồi cảnh vắng teo
Đứng lên ngồi xuống lại nằm mèo
Miệng thèm sờ rượu be hôi rích
Giọng khát tìm chè lọ mốc meo
Trầu một vài tuần nhai bỏm bẻm
Thuốc năm ba điếu hút phì phèo
Ai về nhắn nhủ cô bay biết
Cũng chẳng phong lưu cũng chẳng nghèo.

Village Schoolmaster

Schoolday over, classroom empty,
he stands up, sits down, then lies down exhausted.

Mouth parched, he reaches for his jar of sour wine.
Throat dry, he looks for his pot of foul tea.

He chews a bit of betel,
takes four or five puffs on his pipe.

Anyone returning to his village can tell his wife
that while things aren't good, he's not desperate either.

詠老醫閒居

默埃車馱默埃枵
蚪將軒梅吻蹈骸
瓢捭醁仙伴迍屢
拪撨糵聖民助繞
詩吟良府外得內
彈撨高山阮客峰
尒謀太平吏啟返
撫拪打樣情性叫

Vịnh lão y nhàn cư

Mặc ai xe ngựa mặc ai hèo
Ngồi tựa hiên mai vẫn tréo kheo
Bầu rót rượu tiên mời bạn cũ
Tay nâng thuốc thánh chữa dân nghèo
Thơ ngâm Lương Phủ người ngoài nội
Đàn gẩy Cao Sơn khách ngọn đèo
Mấy thủa thái bình nay lại gặp
Vỗ tay đánh nhịp tính tình kêu.

The Retired Doctor

He couldn't care less about carriages or staves.
Sitting cross-legged on his veranda,

pouring out heavenly wine for old friends,
he offers toasts with this immortal cure.

He recites "Lương-Phủ" for people near and far.
Zithers "Tall Mountain" for dwellers of peaks and clouds.

Finding great peace again and again
he claps out rhythms, shouts out joy.

餞景仝詩

挬 掃 迻 饒 細 鞹 厘
拱 嗺 學 吶 吶 空 鋮
埃 術 唸 嘵 坊 矑 瞹
憫 趓 扰 砆 抉 者 坦

Tiễn người làm thơ

Dắt díu đưa nhau tới cửa chiền
Cũng đòi học nói nói không nên
Ai về nhắn nhủ phường lòi tói
Muốn sống đem vôi quét trả đền.

Young Scholars

Jostling about by the temple door,
they'd like to be scholars but they can't even talk.

Someone should teach these illiterate fools
to take their brushes and paint the pagoda wall.

詠　厨　舘　使

舘　使　啁　廉　景　永　消
嗨　蹂　師　具　到　坭　扚
樗　鯨　小　底　怳　空　擈
長　曷　娓　吝　點　吏　燉
劍　眛　空　几　摳　喪　蓁
曝　秩　空　埃　抺　技　掃
吒　劫　塘　修　啁　撚　扚
景　恊　添　嗲　嫆　情

Vịnh chùa Quán Sứ

Quán Sứ sao mà cảnh vắng teo
Hỏi thăm sư cụ đáo nơi neo
Chầy kình tiểu để suông không đấm
Tràng hạt vãi lần đếm lại đeo
Sáng banh không kẻ khua tang mít
Trưa chật không ai móc kẽ rêu
Cha kiếp đường tu sao dắt díu
Cảnh buồn thêm ngán nợ tình đeo.

Quán Sứ Pagoda

One wonders why Quán Sứ's so dead.
Ask for the abbot, you get no one.

The monks no longer beat the temple drum.
The nuns just say their beads and then are gone.

At morning light, no one struck the gong.
Late afternoon, the mossy walks undone.

To hell with life as snug as hand in glove.
This scene's made sadder by our debt of love.

詠　娓　師

出　世　紅　顏　計　拱　魃
論　綏　夫　婦　佘　羅　騎
梲　神　地　藏　欺　搠　擽
長　昌　彌　陀　底　點　扚
惘　孕　楯　帆　遯　壞　覺
悚　霏　湧　奇　論　練　繚
嗜　埃　菓　福　廗　修　特
拱　篤　沒　悉　底　固　蹺

Vịnh ni sư

Xuất thế hồng nhan kể cũng nhiều
Lộn vòng phu phụ mấy là kiêu
Gậy thần Địa Tạng khi chèo chống
Tràng hạt Di Đà để đếm đeo
Muốn dựng cột buồm sang bến giác
Sợ cơn sóng cả lộn dây lèo
Ví ai quả phúc mà tu được
Cũng giốc một lòng để có theo…

Buddhist Nun

Many pink-cheeked girls abandon the world.
Many vain spouses break their marriage vows.

But women go forth, leaning on the Bodhisattva's staff,
clutching Buddha's rosary, telling the beads,

hoping to raise sails to shores of Enlightenment,
afraid of huge waves that might shatter halyards.

Whoever is lucky enough to become a nun
must hold on dearly in order to succeed.

丐　劫　修　行　礦　砳　扨
為　之　沒　峛　小　樵　消
船　慈　拱　憫　術　西　竹
債　蹓　朱　軷　沛　論　繚

Vịnh sư hoạnh dâm

Cái kiếp tu hành nặng đá đeo
Vị chi một chút tẻo tèo teo
Thuyền từ cũng muốn về Tây Trúc
Trái gió cho nên phải lộn lèo.

The Lustful Monk

A life in religion weighs heavier than stone.
Everything can rest on just one little thing.

My boat of compassion would have sailed to Paradise
if only bad winds hadn't turned me around.

厨嗖

柴	侢	從	容	蹝	景	厨
詩	辰	輆	禠	醖	輆	壺
魪	溪	聰	偈	蜓	儀	嗖
鴞	宩	瞠	經	股	託	劬
扞	鞝	慈	悲	罈	秩	翹
攘	香	滲	度	撢	沿	爐
南	無	譬	晦	茄	師	子
福	德	如	翁	特	佘	蒲

Chùa xưa

Thày tớ thung dung dạo cảnh chùa,
Thơ thì lưng túi, rượu lưng hồ.
Cá khe lắng kệ, mang nghi ngóp;
Chim núi nghe kinh, cổ gật gù.
Then cửa từ bi chen chật cánh,
Nén hương tế độ cắm đầy lô.
Nam mô khẽ hỏi nhà sư tí,
Phúc đức như ông được mấy bồ?

Old Pagoda

Master and servant amble pagoda paths,
poem bag almost full, wine flask almost empty.

Pond fish, hearing prayers, flutter their gills.
Hillside birds, hearing chants, bob their necks.

Crowds gather at this door of compassion,
placing incense sticks on smoking altars.

Buddha asks so little of his monks.
Blessed, they gather many friends.

詠　豀　割　據

歪　坦　生　醫　礚　没　坅
媙　夕　仁　猛　吼　函　歆
技　猞　蔡　木　諸　喧　吽
篕　鑼　椿　嘹　撫　佛　泲
溁　滔　有　情　淶　灡　音
昆　塘　無　岸　最　音　鏧
嗜　嘷　擱　礚　才　穿　旺
窖　　　馨　醫　儚　八

Vịnh hang Cắc-Cớ

Trời đất sinh ra đá một chòm
Nứt làm hai mảnh hỏm hòm hom
Kẽ hầm rêu mọc trơ toen miệng
Luồng gió thông reo vỗ phập phòm
Giọt nước hữu tình rơi lõm bõm
Con đường vô ngạn tối om om
Khen ai đẽo đá tài xuyên tạc
Khéo hở hang ra lắm kẻ nhòm.

Viewing Cắc-Cớ Cavern

Heaven and earth brought forth this rocky mass
its face cut by a deep crevasse

crack's dark mouth shagged with moss
pines rocking in wind rush.

Here sweet water spatters down
and the path into the cleft is dark.

Praise whoever sculpted stone
then left it bare for all to see.

師 制

些 沛 庄 麻 吳 沛 庄
邪 空 襖 吹 濁 辰 頭
品 巴 舡 秫 翹 鈂 糫
娿 罷 耖 矮 黏 跙 娓
鏟 籤 欺 鉎 欺 鐓 欺
响 吟 嚲 喜 嚲 唏 嚲
具 師 蓬 鐘 固 数 修
麻 姑 怒 蓮 座 寰 乞

Chế sư

Chẳng phải Ngô mà chẳng phải ta
Đầu thì trọc lóc áo không tà
Oản dâng trước mặt năm ba phẩm
Vãi nấp sau lưng sáu bẩy bà
Khi cảnh khi tiu khi chủm choẹ
Giọng hì giọng hỉ giọng hi ha
Tu lâu có lẽ lên sư cụ
Ngất nghểu toà sen nọ đó mà.

Mocking a Monk

Not a Chinese, nor really one of us
with his shaved head, robe without flaps.

Cakes are placed before him, four or five kinds.
Behind him, nuns hover, six or seven.

Sometimes he strikes a cymbal, sometimes a bell or gong,
chanting *hee,* chanting *haw,* chanting *hee, haw, ho.*

Perfecting that, maybe he'll be a Venerable
perched high up there on the Lotus Seat of Buddhas.

詠鎮國

鎮懍没舼洴鐘得窨
北念座式泣回曶謹
行故蓮寰廢今景魚
宮國鎮封興古髜台
鞊擬唏攝瞇耴兜屢
燺廧香襖氵彊兜濁
油疧御朝隨毛佐頭

Vịnh chùa Trấn Quốc

Trấn Bắc hành cung cỏ dãi dầu
Chạnh niềm cố quốc nghĩ mà đau
Một toà sen toả hơi hương ngự
Năm thức mây phong nếp áo chầu
Sóng lớp phế hưng coi vẫn dộn
Chuông hồi kim cổ lắng càng mau
Người xưa cảnh cũ đâu đâu tá
Khéo ngẩn ngơ thay lũ trọc đầu.

Trấn Quốc Temple

Weeds sprout outside the royal chapel.
I ache thinking of this country's past.

No incense swirls the Lotus Seat
curling across the king's robes

rising and falling wave upon wave.
A bell tolls. The past fades further.

Old heroes, old deeds, where are they?
One sees only this flock of shaved heads.

奠 太 守

瞬 眜 瞳 蓮 覓 榜 撩
箕 奠 太 守 蹐 招 蹽
嗜 低 摛 分 夕 糊 特
辰 事 英 雄 呵 閉 饒

Đền Thái Thú

Ghé mắt trông lên thấy bảng treo,
Kìa đền Thái Thú đứng cheo leo.
Ví đây đổi phận làm trai được,
Thì sự anh hùng há bấy nhiêu.

At the Chinese General's Tomb

I see it up there in the corner of my eye:
the General's tomb standing all alone.

If I could change my fate, become a man
of heroic deed, couldn't I do better?

銅　賤　兌

拱　垆　拱　栝　拱　窮　鐷
翔　柵　綸　輪　買　世　間
劍　趒　朱　軷　芒　嘗　兌
靚　銅　泌　拱　當　軷　官

Đồng tiền hoẻn

Cũng lò cũng bể cũng cùng than
Mở mặt vuông tròn với thế gian
Kém cạnh cho nên mang tiếng hoẻn
Đủ đồng ắt cũng đáng nên quan.

Rusty Coins

Furnace, bellows, some burning coals.
Coins (round worlds with square holes)

lack sharp edges, will rust like bad repute,
but gather enough, you'll get your goals.

得　蒲　衵

權　重　黜　威　鎮　堁　坡
本　悉　為　主　崕　為　鞬
察　爐　毊　楄　堆　暈　玉
瀟　㳽　蓮　牰　没　籮　旗
攬　種　㺟　鴣　睐　沛　跁
慄　軍　猉　鵇　嚕　空　踈
默　埃　趻　踤　塘　名　利
祿　渃　斡　些　剙　潔　霄

Người bồ nhìn

Quyền trọng ra uy trấn cõi bờ
Vốn lòng vì chủ há vì dưa
Xét xoi trước mặt đôi vầng ngọc
Vùng vẫy trên tay một lá cờ
Dẹp giống muông chim xa phải lánh
Giận quân cầy cuốc gọi không thưa
Mặc ai nhảy nhót đường danh lợi
Lộc nước dành ta chút móc mưa.

The Scarecrow

Granted great powers, I protect the land,
heart loyal to master, not to fields.

Standing watch under sun and moon,
with flag unfurling in my hands

I chase away both birds and beasts,
angry that farmers won't rise to my call.

I've never stepped out on the road to fame,
seeking reward only in a little dew or rain.

猥　蜤

庵　固　埋　撐　固　襯　鑌
邑　軍　摼　轎　轎　迎　昂
吓　蹺　翁　孔　術　東　魯
學　躩　盤　庚　媷　旕　湯

Con cua

Em có mai xanh, có yếm vàng,
Ba quân khiêng kiệu, kiệu nghênh ngang.
Xin theo ông Khổng về Đông Lỗ
Học thói Bàn Canh nấu chín Thang.

The Crab

Its blue shell with gold breastplate,
borne like a palanquin by scuttling legs,

follows Confucius back to Eastern Lo
to learn the virtues of Boil and Bake.

詠客到家

蝒沙鮓跦尒𣈗戈
唩唩𣈗𠉞博𦤾茄
吊藥絹談㥃博丕
𠰘𦺓𧹻歲噲之羅
坳漊渃奇坤尋鮓
園穬櫟踈𩨋𨆝鴉
博𦤾𨔈低㥃博丕
茄辰空固𢄂辰賒

Vịnh khách đáo gia

Nhện sa cá nhẩy mấy hôm qua
Uẩy uẩy hôm nay bác đến nhà
Điếu thuốc quyến đàm mừng bác vậy
Miếng trầu đỏ tuổi gọi chi là
Ao sâu nước cả khôn tìm cá
Vườn rộng rào thưa khó đuổi gà
Bác đến chơi đây mừng bác vậy
Nhà thì không có chợ thì xa.

Unwelcome Houseguest

Spider spins; fish jump. Many days have passed
and now here you are. Our pipe, I'm afraid,

holds just a taste of tobacco spit, and
the betel has pretty much had it, but, here.

The pond's flooded, so fish are hard to catch.
The garden's too large to chase down a chicken.

But here you are and I'm happy to see you
though the house is bare and the market, far off.

洺　藤

藤　國　㗂　殄　本　毗　然
吏　添　齊　楚　押　仁　边　慄
瞡　柚　邌　齊　哝　楚　慳
乖　頭　術　楚　憚　齊

Nước Đằng

Đằng quốc xưa nay vốn nhỏ nhen
Lại thêm Tề, Sở ép hai bên
Ngoảnh mặt sang Tề e Sở giận
Quay đầu về Sở sợ Tề ghen.

The Kingdom of Đằng

I am just a little place
between great Sở and Tề.

Should I nod to Tề, I would anger Sở.
Should I turn to Sở, Tề would certainly rage.

詠鬥棋

熙英馬士連虺景趣　熙雄車象席軍呫味　歪蹢指迎嘗謀翹清　春志塇昂沁智眜台　旳會軍將唛率鬧弟　買霻踜眼翠闞埃一　諸霤踽腳船機別棋

Vịnh đấu kỳ

Hây hẩy trời xuân lúc mới trưa
Anh hùng đua chí hội mây mưa
Mã xa chỉ lối quân giong ruổi
Sĩ tượng nghênh ngang tướng nhởn nhơ
Trên tiệc tiếng tăm lừng bốn góc
Trong quân mưu trí suốt muôn cơ
Cảnh hay trước mắt nào ai biết
Thú vị thanh thơi đệ nhất kỳ.

The Chess Game

Under spring breezes, just past noon
heroes chafe for clash of rain and clouds.

Chariots rush forth, foot soldiers follow, as
generals advance, serene on lurching elephants.

Cheers from banquets rise to the four corners,
the troops are trained in ten thousand tricks.

Whoever views this bright array will know
the delicious pleasure in making the first move.

詠𢄂𡗶

𪾺𡗶𤊚𨀈産𣈜𠓨唗
嘹𢄂𤊞朘務𥻵仍仁
窖景暑最買罢鬧没
造城迻合菓山名奇
𤲂蠻遶𩖵花江摸墨
民達剏朝行庸利城
唏排𣈜班排翻半空

Vịnh chợ trời

Khen thay con tạo khéo trêu ngươi,
Bày đặt ra nên cảnh chợ trời.
Buổi sáng gió đưa trưa nắng dãi,
Ban chiều mây hợp tối trăng chơi.
Bày hàng hoa quả tư mùa sẵn,
Mở phố giang sơn bốn mặt ngồi.
Bán lợi mua danh nào những kẻ,
Không nên mặc cả một hai nhời.

Heaven Market

Praise to the Creator, so clever, so teasing,
in bringing forth this field called Heaven Market

where breezes riffle mornings, and sunlight floods the days,
where evening clouds gently drift, where moonlight always plays.

Throughout the four seasons, we find flowers and fruits
in this open-air market bound by hills.

Buyers and sellers of fame and glory
can't cut a deal in Heaven Market.

詠 · 問 月

尒 萬 醉 尼 吻 唉 群
故 啊 欺 鈇 吏 欺 齡
嗨 琨 玉 兜 陀 包 琨
罏 姉 姮 娥 匋 尒 紫
膔 永 故 啊 逃 閣 崙
峕 清 岀 庄 惜 暈 姣
舡 吏 踈 矧 除 埃 巍
能 固 情 槇 買 浩

Vịnh vấn nguyệt

Mấy vạn năm nay vẫn hãy còn
Cớ sao khi khuyết lại khi tròn
Hỏi con ngọc thỏ đà bao tuổi
Chứ chị Hằng Nga đã mấy con
Đêm vắng cớ sao quanh gác tía
Ngày thanh chút chẳng thẹn vầng son
Năm canh thơ thẩn chờ ai đó
Hay có tình riêng mấy nước non.

Questions for the Moon

How many thousands of years have you been there?
Why sometimes slender, sometimes full?

How old is the White Rabbit?
How many children belong to Moon-Girl?

Why do you circle the purple loneliness of night
and seldom blush before the sun?

Weary, past midnight, who are you searching for?
Are you in love with these rivers and hills?

即 景

湄踈傘詞野沙佐詩
噴蕭嵼朗曠平箕禩
傾景嶒滂汅壩邊没
崇特樹江喽邐綏情
頭艫古長呦扛紐鍾
洸埃菩撮牧漁埃垍
濕姤撐屼艦緦鐘殃

Tức cảnh

Thấp thoáng đầu ghềnh lún phún mưa
Đố ai vẽ được cảnh tiêu sơ
Xanh om cổ thụ chon von tán
Trắng toát tràng giang phẳng lặng tờ
Còi mục thét lừng miền khoáng dã
Lưới ngư giang gió bãi bình sa
Chuông ai đất nối bên kia tá
Ương lở chung tình một túi thơ.

Country Scene

The waterfall plunges in mist.
Who can describe this desolate scene:

the long white river sliding through
the emerald shadows of the ancient canopy

...a shepherd's horn echoing in the valley,
fishnets stretched to dry on sandy flats.

A bell is tolling, fading, fading
just like love. Only poetry lasts.

檯埃澎歪淅溈佐迣
看塵哞論撒淵兜燈
細岀鍾渃坤裼羅俭
春浍墓滄重大樂低
朝庄招喪廁闔極羅
愛凌回湃愛恩閙樂
淹凌匼没波源閙極

Đài khán xuân

Êm ái, chiều xuân tới khán đài
Lâng lâng chẳng bợn chút trần ai.
Ba hồi chiêu mộ chuông gầm sóng.
Một vũng tang thương nước lộn trời.
Bể ái nghìn trùng khôn tát cạn.
Nguồn ân muôn trượng dễ khơi vơi.
Nào nào cực lạc là đâu tá?
Cực lạc là đây, chín rõ mười.

Spring-Watching Pavilion

A gentle spring evening arrives
airily, unclouded by worldly dust.

Three times the bell tolls echoes like a wave.
We see heaven upside-down in sad puddles.

Love's vast sea cannot be emptied.
And springs of grace flow easily everywhere.

Where is nirvana?
Nirvana is here, nine times out of ten.

ENDNOTES

Autumn Landscape
The poem bag carried by wandering poets and young scholars usually held samples of their poetry and calligraphy.

Offering Betel
Mostly rural people chew betel, which is a combination of a piece of areca palm nut and a leaf of the betel tree rolled into a thin cylinder and smeared with lime paste. The effect is mildly stimulating and narcotic. Contact with the saliva causes the mouth to fill with a bright red juice. The combination of these natural elements and their transformation into the stimulating red juice are probably the source of the betel chique, or "chaw," as symbol of marriage and true love. In an old custom, brides offer their grooms a chique of betel. Line three holds a special Vietnamese notion, that of a man and woman "having *duyên.*" *Duyên* not only means that they are right for each other, but that their love is actually fated, inevitable, that they have come together finally after all their previous lives. In its root, *duyên* means "to join" or "glue together."

Confession (II)
In the original, a drumbeat is sounded through the required end rhymes (*dồn, non, tròn, hòn, con con*) as well as some internal echoes (*hồng, bóng, xuân, xan* or *san*). In line four she is playing on her family, or clan, name, Hồ, 胡, a *Nôm* character in two parts made from the Chinese words "old" (*cổ*: 古) and "moon" (*nguyệt*: 月). In the next-to-last line, *xuân* ("spring") is of course part of Hồ Xuân Hương's given name: Spring Essence. In one of Chiêu-Hồ's poetic replies to Hồ Xuân Hương, he plays on her names.

> Người cổ 古 lại mang thêm thói nguyệt 月
> Phòng xuân 春 còn để lại mùi hương 香...

A traditional woman, yet still flirting.
Springtime still lingering fragrance.

LAMENT FOR THE PREFECT OF VĨNH-TƯỜNG
Her legend holds that she loved this first spouse, the chief
official of Vĩnh-Tường region. "One hundred years" is the
conventional phrase for a lifetime; "twenty-seven months"
was all they had together. But Hoàng Xuân Hãn argues that
the Prefect could not have been her husband, but was per-
haps the husband of one of her friends. *Nợ ba sinh* is "a love
debt to be repaid in three (consecutively reincarnated)
lives." The poem takes the form of a funeral lament.

LAMENT FOR COMMISSIONER CÓC
In the original, the poem begins as a peasant funeral lament,
in the style still sung today. Hồ Xuân Hương is mocking her
dead husband by punning on his name Cóc, or "Toad."
Maurice Durand (*L'Œuvre de la poétesse vietnamienne Hồ
Xuân Hương* [Paris: Adrien-Maisonneuve, 1968], p. 160)
says that line three is also an entire pun indicating "*relations
sexuelles ininterrompues*" and suggesting that all they had
going in this husband-concubine relationship was sex. A
further pun may lie in the echo to *cóc vàng,* or "golden
toad," a phrase for someone rich but stupid. Clearly, this
was a marriage of convenience. Durand also notes a further
echo in the proverb:

> Thà rằng chết mất thì thôi.
> Sống còn như cóc bôi vôi lại về.

> Just die and get it over with.
> Alive, we look like the toad come back covered
>   in lime.

CONFESSION (III)

The first words allude to an ancient poem, "Thuyền Bách," or "The Cedar Boat," which in Chinese legend was written by Princess Cung-Khương after the death of her husband, Cung-Bá, Prince of Vệ, during the Chou Dynasty. Against her parents' urging she refused to remarry, accepting the lonely fate described above. The drifting boat is a conventional figure for a woman obliged to live alone. *Vậy* (line seven) echoes "*ở vậy*," or "never to remarry." Throughout the poem, however, Hồ Xuân Hương subverts this model of high virtue by using ship and sailing terms with obscene, double meanings suggesting other activities.

THE FLOATING CAKE

Bánh trôi nước ("cake floats in water") is a little sugary ball of sticky rice – often shaped like birds' eggs – with a red-bean-paste center. The poem is spoken by a woman. But besides being about a woman's fate, line two suggests as well the nation's changeable fate with *nước non,* "mountains and streams," the set phrase for "nation."

ON SHARING A HUSBAND

Hồ Xuân Hương, like her mother, was a *vợ lẽ*, a concubine, or wife of second rank. Traditionally, Vietnamese women wielded considerable economic and political power, but by 1800 the condition of women had deteriorated as the Vietnamese nation itself began to collapse under domestic and foreign pressures. Many women could choose only between struggling alone and becoming concubines, risking the indignities in this poem. Men, meanwhile, could have many wives. The king was permitted 126 wives in six different categories, while even a student scholar could have "five concubines, seven wives." See Hoa Bằng, *Hồ Xuân Hương, Nhà Thơ Cách Mạng* (Saigon: Nhà Xuất Bản Bốn Phương, 1950), p. 106. *Chém cha* ("screw") is a curse, meaning "cut father." *Năm thì mười hoạ* ("five out of ten times") is a folk expression.

JACKFRUIT
The large, smelly jackfruit can be prematurely ripened by piercing it.

RIVER SNAIL
The river snail, inhabiting ponds and rice fields, is considered unpleasant and foul. *Bóc yếm* in line three means "remove covering," punning on the word for the operculum (the glassy opening) of the snail and its homonym, a kind of brassiere worn by women of Hồ Xuân Hương's time.

TAVERN BY A MOUNTAIN STREAM
In the last line, *lộn lèo* ("a kite's lead string got twisted") suggests a famous *nói lái: lẹo lồn,* which in its reversal of tones holds an obscene meaning.

TEASING CHIÊU-HỔ *and* CHIÊU-HỔ'S REPLY
Chiêu-Hổ is possibly one of the pen names of Phạm Đình Hổ (1768–1839), one of the most learned men of the period, who rose to high honors under Emperor Minh Mạng (1820–1840). Hồ Xuân Hương's equal terms at literary banter with such powerful figures probably afforded her protection for her unorthodox views. Hổ – part of Phạm Đình Hổ's pen name as well as his given name – means "tiger." Chiêu-Hổ's reply may be actual or her impersonation. See Hoa Bằng, *Hồ Xuân Hương,* pp. 27–33. Others dispute this identification of Chiêu-Hổ with Phạm Đình Hổ.

THREE-MOUNTAIN PASS
Maurice Durand (*L'Œuvre,* p. 13) notes that this range is almost certainly the Đèo Tam-Điệp in central North Vietnam where the mountains are calcareous and of a blackish color but, he adds innocently, *"l'on n'a pas de grotte avec une*

grande ouverture." While an actual landscape may have suggested this poem to Hồ Xuân Hương (as well as "Viewing Cắc-Cớ Cavern"), the particular contours, the active pine and willow constitute a sexual landscape as well. Pines traditionally stand for men; willows, for women.

On a Portrait of Two Beauties

Durand (*L'Œuvre*, p. 123) notes that line five alludes to the "Phiếu Mai," a poem in the *Book of Songs* about a woman afraid of becoming an old maid. Reed and willow are common metaphors for women.

The Unwed Mother

For an upper-class woman, pregnancy out of wedlock could be punished by being forced to lie down while an elephant trod on her stomach, killing both mother and unborn child. For peasants, socially far more free in sexual encounters, there's a folk proverb that Hồ Xuân Hương seems to support:

> Không chồng mà chửa mới ngoan.
> Có chồng mà chửa thế-gian sự thường.

> No husband, but pregnant, that's skillful.
> Husband and pregnant, that's pretty ordinary.

The original in *Nôm* script is filled with aural puns as well as visual puns caused by the calligraphic brushstrokes. For example, a *nét ngang* cross-stroke across the belly of the *Nôm* character 了 (*liễu* for "willow/girl") changes it to 子 (*tử*, "child"), implying pregnancy. *Ngang* also produces puns meaning "contrary" and "girth." A downstroke, or *dọc*, on the character for "heaven," 天 (*thiên*), changes the meaning to "husband," 夫 (*phu*). Additionally, *đầu dọc* in line three also means "head," implying a birth. Without her "love-fate" realized, the woman is incomplete.

Swinging

Ngô Thanh Nhàn points out that the last two lines can be read: "Enjoying Spring (Xuân), do you really know Spring (Xuân), or is it just a matter of swingposts removed, leaving the holes bare?" Đu ("swing") and đụ ("copulate") differ only in word tone.

Male Member

Durand (*L'Œuvre,* p. 130) says that "in ancient times soldiers wore conical leaf hats topped with leather and sealed with a red varnish."

Girl without a Sex

When a child is about to be born, twelve fairy midwives attend to its physical condition.

The Paper Fan

The *cây cậy* produces a pink juice used as a cosmetic and also to seal paper fans. Thái-Bạch in his *Thơ Hồ Xuân Hương* (Saigon: Nhà Sách Khai-Trí, 1968, p. 57) says that the fruit of the *cậy* (*trái cậy*) "is similar to but smaller than" the fruit of the persimmon (*trái hồng*), but used to paint fans because of its pink color and because it is juicier, although it has an acrid taste.

Picking Flowers

Chơi hoa is literally *playing* with flowers, enjoying flowers, not necessarily picking them. The last words, *lộn phèo* ("got entangled, mixed up, disheveled"), have an obscene *nói lái* in *phẹo lồn*, which suggests "animal coupling."

The Wellspring

The first fish, *cá giếc,* or crucian carp, denotes rare excellence; the second, *nạ rồng rồng,* is a filthy bottom feeder found in muddy waters.

CATS

In the original, all the required rhymes, as well as some extras, are echoes of the Vietnamese equivalent of "meow": *ngao*.

CONSOLING A YOUNG WIDOW

Durand (*L'Œuvre,* p. 113) cites a legend making this widow a friend of Hồ Xuân Hương's who later on will become the widow of the pharmacist in the following poem.

THE PHARMACIST'S WIDOW MOURNS HIS DEATH

The poem is constructed of puns based on items in a Chinese-medicine pharmacy, some of which carry over in the more apparent male imagery (licorice and cinnamon sticks; more distantly, lily seeds); some female details are perhaps less apparent, such as orange peels and rosebuds. The woman is a *thiếp,* or lower category of concubine. Hồ Xuân Hương seems scornful of the extravagance of the woman's grief, suggesting she just misses the sex. *Thạch nhũ,* a kind of tea made from roses, may hold a pun in its etymology "stone-breast." There is also a pun on *thạch-nữ,* "barren woman." Durand (*L'Œuvre,* p. 111) finds two meanings in *trần bì*: "orange peel" but also "naked skin." *Dao cầu,* "knife" or "scalpel," is pronounced the same as *giao/gieo cầu,* the ball a young woman throws to suitors in the traditional courting game (suggesting our widow will soon find another mate). In lines five and six, we have *sao* and *tẩm* at the fifth syllables; read *vertically* this produces *sao tẩm,* "to dispense medicine" and – taking *tẩm* in its other meaning of "tomb" – "why weep?" *Ký sinh* is a parasitic plant used in medicine, but *sinh ký* means, literally, "life borrow" and refers to the Buddhist proverb *Sinh ký tử qui*: "To live is to borrow; to die is to give back." All the items are still available in Chinese-medicine shops in Hà Nội.

THE CONDITION OF WOMEN
This is probably a modern imitation in Hồ Xuân Hương's "voice."

THE RETIRED DOCTOR
The "carriages" and "staves" belong to the mandarins. The other references are to Chinese legend: Lương-Phủ is the mountain below Mt. Thái Sơn where Chu-Ko Liang (181–234), a hero of *The Romance of the Three Kingdoms,* wrote a poem called "The Complaint of Leang Fu." The song "Tall Mountain," played probably on the sixteen-string Vietnamese *đàn tranh,* evokes the harmony between friends, notably between the famous musician Po Ya (Bá Nha) and Chung Tzu-ch'i (Chung Tử Kỳ), who remarked that his friend's playing was as lofty as Mt. Thái Sơn. See Durand, *L'Œuvre,* p. 179; and also Elling Eide, editor and translator, *Poems by Li Po* (Lexington: Anvil Press, 1984), in the "Translator's Note and Finding Lists," p. 5.

QUÁN SỨ PAGODA
The religious neglect saddens Hồ Xuân Hương, who is said to have considered entering a Buddhist order. In Mahayana Buddhism we all have a debt of *tình,* or compassion. Buddhist clerics accept even greater compassionate obligations because they have taken the bodhisattva vow "to refuse nirvana until even the grass is enlightened." "Temple drum" is the *chày kềnh/kình,* a fish-shaped wooden block used in sutra readings and processions and thought to emit a sound like a heartbeat. "(Precinct) gong" is the *tang mít,* a wooden cylinder used to summon followers to prayer. Perhaps there are double meanings in some of the objects, and certainly in one *nói lái,* or phrase reversal: *đếm lại đeo* ("saying one's rosary") can be reversed to read *đéo lại đêm* ("copulating during the night").

BUDDHIST NUN

Some scholars do not think Hồ Xuân Hương wrote this poem, but much of the language and imagery is similar to "The Lustful Monk." And it would seem that she intends some of the same tonal, obscene puns on *lộn lèo* and *đeo* (or *đếm đeo*). Also, while *xuất thế* means "abandon the world," a Buddhist notion, *xuất thê* means "abandon a wife." The adulterous echoes in the poem may suggest the pressures on a young woman taking up a religious life. A *tràng hạt*, "rosary" (Sanskrit: *mālā*), serves much the same general function as its Christian counterpart. The standard rosary has 108 beads, arranged in three groups, evoking the Triple Jewels of Buddha, Dharma, and Sangha. Rosary beads can be wood or, more elaborately, jewels.

THE LUSTFUL MONK

The "little thing" that weighs down the monk and keeps him from entering the Western Paradise of the Amitābha Buddha seems to be his penchant for sex. It's not exactly that this poem has a second line of argument, or a clear double entendre, but that obscene echoes unexpectedly seem to be trying to invade the poem, like the mind of our monk. Certain words in the text have obscene echoes. For example, *lồn* can mean "vagina," not "to confuse" or "turn about." Similarly, *đéo* and *lẹo* can both mean "copulate," as can *trai* in *trai gái*.

Opposed to this set of suggestions is the Buddhist notion of perfecting oneself, centered around the perfection of compassion. The Mahayana symbol of the "boat of compassion" traveling to the Western Paradise is a metaphor common even in the *ca dao* folk poetry. We also have a doctrinal echo from the very etymology of *pāramitā*, the Sanskrit word for "perfections" such as wisdom and compassion. *Pāramitā*'s root meaning is "to get to the other side," to the opposite shore.

Old Pagoda

The second line echoes the proverb "Belly full of wine; head full of poems." "Many friends" in the last line has a hint of licentious sarcasm.

Viewing Cắc-Cớ Cavern

Durand (*L'Œuvre*, p. 19) says that the cave "would be not too far from Mt. Kẽm Trống between Ninh-Bình and Thanh-Hoá provinces." Others place it in Sơn-Tây province at the foot of Thầy Mountain pagoda. Nguyễn Khắc Viện and Hữu Ngọc, editors, *Vietnamese Literature* (Hanoi: Red River, p. 329), place the cavern "in Sài Sơn Mountain...Hà Sơn Bình province." The poem echoes "Three-Mountain Pass," where an agitated pine and cave appear in similar language.

Trấn Quốc Temple

Trấn Quốc temple is 1,400 years old and the oldest temple in Hà Nội. It commemorates a time of heroic struggles to drive out the Chinese and establish Vietnam as an independent nation. Early field marshals and kings were so venerated that they became saints, or *thánh,* in popular belief. By contrast, Hồ Xuân Hương's time was marked by fratricidal clan wars, corruption, and religious hypocrisy.

At the Chinese General's Tomb

Hồ Xuân Hương has no reverence for the shrine set up by the peasants of Đống Đa to propitiate the spirit released by the violent death of Shin Yi-Tung (Sầm Nghi Đống in Vietnamese), governor of occupying Chinese troops who, after losing to the Vietnamese in 1789, committed suicide. What a niggling thing, she suggests, if the General's heroic endeavors merely resulted in a *linh-thiêng* ("vengeful ghost") that scares farmers. She would have shared the Tây-Sơn scorn for superstition: "The dog is more useful than a genie," quoted in Minh Chi, Hà Văn Tấn, Nguyễn Tài Như,

Buddhism in Vietnam (Hà Nội: Thế Giới Publishers, 1999),
p. 168.

RUSTY COINS
Sixty such coins make a *quan,* which also means "manda-
rin." If you have enough cash, you can buy your official post.
Old-style coins were pierced with square holes.

THE SCARECROW
Sometimes attributed to Emperor Lê Thánh Tông (1442–
1497).

THE CRAB
Ba quân in line two are the palanquin carriers, moving off
like a crab, "whose dignified walk," Durand notes, "sug-
gests a man of gravity" (p. 162), which suggests Confucius
and his home of Eastern Lo, which suggests old Chinese leg-
end, which suggests the story of King Pan Keng, whose
name to the Vietnamese ear suggests "noodles and soup"
(*Bàn Canh*) and the story of the Pan Keng/Bàn Canh king
who kept moving his capital despite the anger of his subjects
whom he tried to console with essays on old moral virtue. In
its way, a political poem.

UNWELCOME HOUSEGUEST
Spider and fish are signs of good luck coming.

THE KINGDOM OF ĐẰNG
The historical reference is to the little kingdom of Teng,
which, during the Eastern Chou period, was bordered by
the greater kingdoms of Ts'i and Ch'ou. Durand (*L'Œuvre,*
p. 162) indicates an allusion to the folk poem:

> Em là con gái họ Đằng.
> Bên Tế bên Sở biết rằng theo ai?

> I am a girl of Đằng.
> With Tề here, and Sở, there, who should
> I follow?

THE CHESS GAME
Historically, the Persian game of chess traveled to both West and East. In Vietnam, a version is played with much the same rules and pieces as Western chess. The "play of clouds and rain" is also a metaphor for having sex.

HEAVEN MARKET
Situated near Mt. Sài Sơn, Sơn-Tây province.

QUESTIONS FOR THE MOON
The White Rabbit and the Moon-Girl live on the moon, where they make medicine. "Rivers and hills" is a fixed metaphor for "nation."

COUNTRY SCENE
Sometimes attributed to Bà Huyện Thanh-Quan, but this is not likely since several other Hồ Xuân Hương poems share the same phraseology. The puns suggest that what seems substantial may soon "rot" (*mục, ương, lở*). *Chuông* ("bell") is echoed in *chung* ("bell"), which in turn yields *chung tình*: "true love." Love disappears inevitably like the toll of a bell. One can only trust in poetry, in, literally, "only the poem bag," *một túi thơ*.

SPRING-WATCHING PAVILION
The figures here belong to Mahayana Buddhism. "Worldly dust" or red dust refers to the perishable world, or samsara. Even today poor people call themselves *bụi đời*, or "dust of life." The vast sea of love and grace stems from the bodhisattva's vow to save all sentient beings and in the striving for *karunā* – kindness or compassion – one of the Buddhist

"perfections." Yet nirvana is here on earth and alive around us, if we are alert, as in the lines by Lê Thánh Tông (1442–1497):

> Đến đây thấy cảnh thấy người,
> tuy vui đạo Phật chưa nguôi lòng trần.

> Coming here to see people and scenes,
> happy with Buddha and pleased with the earth.

(Quoted in Thái-Bạch, *Thơ Hồ Xuân Hương*, p. 40.)

In the poem, Hồ Xuân Hương is punning tonally off *ai*. *Êm ái* means "sweet" or "gentle." *Ai*, with a different tone, as in *trần ai,* means "dust." *Ái* and *ân* in lines five and six can be read vertically as one word, *ái-ân,* meaning "love," just as the very next words in lines five and six – *nghìn* and *muôn* – can be read vertically to mean "vast," as if compassion is spreading throughout the poem. Dust and dissolution engender love.

SOURCES FOR NÔM POEMS

Two main sources for *Nôm* versions of Hồ Xuân Hương's poems in this book are Maurice Durand's *L'Œuvre de la poétesse vietnamienne Hồ Xuân Hương* (referred to as MD, followed by page number) and *Quốc Âm Thi Tuyển* (referred to as QÂTT, followed by page number). Items marked with "No *Nôm* source" are reconstructed using all the references listed on pages 132 and 133.

Font for *Nôm* was built by Ngô Thanh Nhàn. Font Vsibon for Vietnamese *quốc-ngữ* was built by James Đỗ Bá Phước.

REFERENCES

[MD] Durand, Maurice. 1968. *L'Œuvre de la poétesse viet-namienne Hồ Xuân Hương*. École Française d'Extrême-Orient. Paris: Adrien-Maisonneuve.

Huìn Tịnh Paulus Của. 1895. *Đại Nam Quấc Âm Tự Vị*. Sàigòn: Imprimerie Rey, Curiol & Cie.

Nguyễn Quang Xỹ and Vũ Văn Kính. 1970. *Tự điển chữ Nôm*. Sàigòn: Trung tâm Học liệu.

Tiêu chuẩn Việt Nam TCVN 5773:1993 – Information Technology: The *Nôm* sixteen-bit character standard code set for information interchange – *Nôm Proper Table*. Subcommittee for *Nôm* Standardization of Codes for Information and Interchange of the Technical Committee for Information Technology of Vietnam.

Tiêu chuẩn Việt Nam TCVN 6056:1995 – Information Technology: The *Nôm* sixteen-bit character standard code set for information interchange – *Hán Nôm Table*. Subcommittee for *Nôm* Standardization of Codes for Information and Interchange of the Technical Committee for Information Technology of Vietnam.

Viện Ngôn ngữ học. 1976. *Bảng tra chữ Nôm*. Hà Nội: Ủy ban Khoa học Xã hội.

[QÂTT] Xuân Hương Di Cảo. 1914 [Giáp Dần]. *Quốc Âm Thi Tuyển*. Danh Gia Ca Vịnh [Series]. Phi Long [Publications].

Durand, Maurice, *L'Œuvre de la poétesse vietnamienne Hồ Xuân Hương* (Paris: Adrien-Maisonneuve, 1968).

Hoa Bằng, *Hồ Xuân Hương, Nhà Thơ Cách Mạng* (Sàigòn: Nhà Xuất Bản Bốn Phương, 1950).

Thái-Bạch, *Thơ Hồ Xuân Hương* (Sàigòn: Nhà Sách Khai-Trí, 1968).

[No author given,] *Thơ Hồ Xuân Hương* (Hà Nội: Nhà Xuất Bản Văn Hoá, 1988).

ABOUT THE TRANSLATOR

JOHN BALABAN is the author of eleven books of poetry and prose, including four volumes which together have won the Academy of American Poets' Lamont Prize, a National Poetry Series Selection, and two nominations for the National Book Award. His *Locusts at the Edge of Summer: New and Selected Poems* won the 1998 William Carlos Williams Award from the Poetry Society of America.

In addition to writing poetry, fiction, and nonfiction, he is a translator and a past President of the American Literary Translators Association.

His books on Vietnam include *Ca Dao Vietnam: A Bilingual Anthology of Vietnamese Folk Poetry*, *Vietnam: The Land We Never Knew* (with the photographer Geoffrey Clifford), *Remembering Heaven's Face*, a memoir, and *Vietnam: A Traveler's Literary Companion,* which he coedited with Nguyen Qui Duc.

He lives with his wife and daughter in Raleigh, North Carolina, where he teaches at North Carolina State University.

Under the American sky, still dreaming.
The riverhead runs on, cloudy feelings float away.

Over the years, a clever voice echoes.
On the river, an old moon recalls Xuân Hương.

The Chinese character for poetry is made up of two parts:
"word" and "temple." It also serves as pressmark for
Copper Canyon Press.

Founded in 1972, Copper Canyon Press remains dedicated to publishing
poetry exclusively, from Nobel laureates to new and emerging authors.
The Press thrives with the generous patronage of readers, writers,
booksellers, librarians, teachers, and students – everyone who shares the
conviction that poetry clarifies and deepens social and spiritual awareness.
We invite you to join this community of supporters.

PUBLISHER'S CIRCLE
Allen Foundation for the Arts
Jaech Family Fund
Lannan Foundation
Lila Wallace–Reader's Digest Fund
National Endowment for the Arts
Emily Warn
Washington State Arts Commission
The Witter Bynner Foundation

READER'S CIRCLE
Anonymous · Thatcher Bailey · Gregory Baran and Laura Federighi ·
Leslie and Janet Cox · Hugh and Jane Ferguson Foundation
Mimi Gardner Gates · Bill and Sammy Greenwood
Gull Industries · Cynthia Hartwig · Laura Ingham
Bruce S. Kahn · Alida and Christopher Latham
Rhoady and Jeanne Marie Lee
Peter Lewis, Campagne · William and Kristine O'Daly
Karen Swenson · Jim and Mary Lou Wickwire
Wyman Youth Trust

For information and catalogs:
COPPER CANYON PRESS
Post Office Box 271
Port Townsend, Washington 98368
360/385-4925 · *poetry@coppercanyonpress.org*
www.coppercanyonpress.org

Copper Canyon Press wishes to acknowledge the support of
the Lannan Foundation in funding the publication and
distribution of exceptional literary works.

LANNAN LITERARY SELECTIONS

W.S. Merwin, *The First Four Books of Poems*

Maxine Kumin, *Always Beginning:*
Essays on the Life in Poetry

Sascha Feinstein, *Misterioso*

John Balaban, *Spring Essence:*
The Poetry of Hồ Xuân Hương

Jim Harrison, *The Shape of the Journey:*
New and Collected Poems

Book design and composition by John D. Berry, using Adobe PageMaker 6.5 on a Macintosh PowerBook G3. The type used for the English text is Sabon, designed in 1966 by Jan Tschichold, based on the 16th-century types of Claude Garamond. The two typefaces used for the Vietnamese text were created specially for this book: a modified version of Sabon (called Vsibon) designed by James Đỗ Bá Phước for typesetting modern Vietnamese, and a wholly new font designed by Ngô Thanh Nhàn to represent the traditional Vietnamese writing system, *Nôm* – the first typeface ever to do so. *Printed by McNaughton & Gunn.*